AU TRAVAIL

Policiers

Lucy M. George et AndoTwin

Texte français d'Isabelle Montagnier

Éditions
SCHOLASTIC

Sylvain
est policier.

Il porte un bel uniforme avec une ceinture pour ranger
son équipement. Il a aussi une casquette et un badge.

Son travail consiste à protéger
et à aider les gens du quartier.

Sylvain commence de bonne heure aujourd'hui.
Il arrive au poste de police juste à temps!

Le sergent explique le travail de la journée à toute l'équipe.

— Bonjour, sergent! dit Sylvain.

— Bonjour, Sylvain, répond le sergent. Puis il attribue une tâche à chaque agent de police.

Certains agents devront patrouiller dans les rues à cheval.

D'autres se rendront sur une scène de crime.

Quant à Sylvain et Tina, ils iront au festival du quartier!

Les deux policiers vérifient d'abord
que leur voiture fonctionne bien.

wooooooooouuuuuuuuuu!

Tina teste les lumières clignotantes
et la sirène qui fait beaucoup de bruit.

Elle prend le volant. La voiture de police traverse les rues encombrées qui mènent au festival.

Tina est attentive et s'assure que tous les conducteurs sont prudents.

Il y a beaucoup de gens au festival.
Ils mangent et s'amusent.

Sylvain et Tina font
une ronde de surveillance.

Ils indiquent le chemin
à une famille...

aident un conducteur
dont la voiture s'est
embourbée...

et demandent au
responsable d'un stand
de jeu de dégager
le passage.

Soudain, une main tire Sylvain par le bras.

C'est un petit garçon.

— J'ai perdu ma maman et mon papa, dit-il en pleurant.
— Oh non! dit Sylvain. Comment t'appelles-tu?

— Alex, chuchote l'enfant.
— Ne t'inquiète pas, Alex, dit Sylvain.
Nous allons retrouver tes parents.

Sylvain demande à Alex :
— Peux-tu me décrire tes parents?
À quel endroit les as-tu perdus?

Puis le policier a une idée :
— Aurais-tu leur numéro de téléphone?

Alex fouille dans son sac à dos.

— Le voici! s'écrie-t-il. Mon papa l'avait noté en cas d'urgence.

— Ton papa est prévoyant! dit Sylvain. Il essaie de téléphoner, mais il n'y a pas de réseau.

— Nous ne les retrouverons jamais! dit Alex. Il se remet à pleurer. Son papa et sa maman lui manquent.

— Ne t'en fais pas, Alex, dit Tina. Allons voir s'ils sont au point de rendez-vous!

POINT DE RENDEZ-VOUS

En approchant, Alex
pense voir ses parents.

Il se met à courir en criant :
— Papa! Maman!

— Te voilà enfin! dit le papa d'Alex.

POINT DE RENDEZ-VOUS

— Il nous a demandé de l'aider, explique Sylvain.

— Bravo, Alex! dit sa maman.

— Merci pour votre aide, dit Alex.

— Pas de problème, dit Sylvain. C'est notre travail!
— Amusez-vous bien au festival! dit Tina.

Les deux policiers décident de s'acheter
un cornet de crème glacée.

— C'est toi qui paies! dit Tina en souriant.

— D'accord, dit Sylvain, mais c'est
moi qui conduis pour rentrer au poste!

Quelques autres tâches de Sylvain, le policier

Diriger la circulation.

Participer aux enquêtes sur les scènes de crime.

Parler de sécurité aux enfants.

Arrêter les malfaiteurs.

L'équipement de Sylvain, le policier

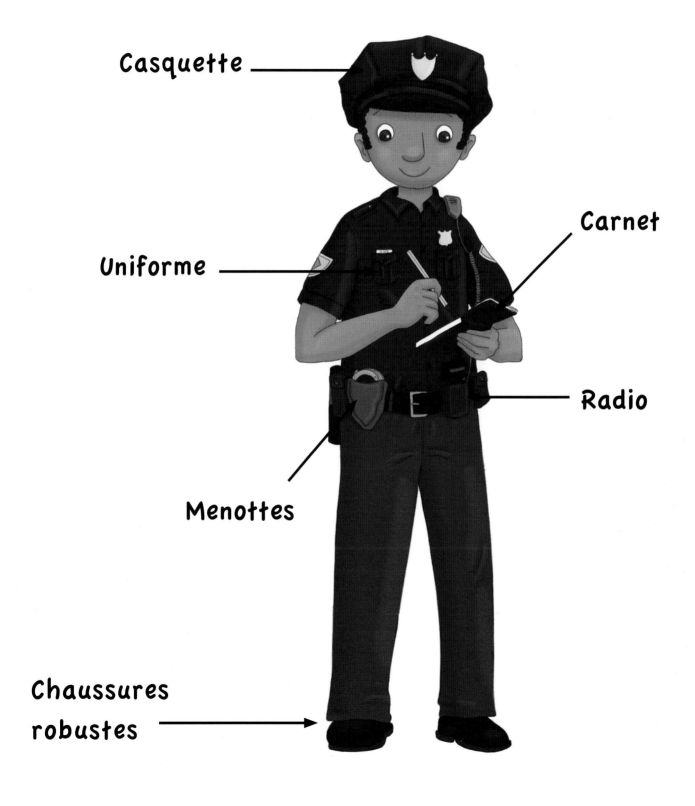

Casquette

Carnet

Uniforme

Radio

Menottes

Chaussures robustes

Autres métiers importants

Voici d'autres personnes qui travaillent avec les policiers.

Les **sergents de police** dirigent le poste de police, supervisent les policiers et coordonnent les enquêtes.

Les **experts légistes** examinent les indices des scènes de crime, comme les photos, les empreintes et les échantillons.

Les **maîtres-chiens** utilisent des chiens bien dressés pour trouver des preuves sur les scènes de crime.

Les **agents de liaison des services de police** travaillent avec les familles touchées par un accident ou un crime. Ils les soutiennent et les tiennent au courant des progrès de l'enquête.

Discussion avec les enfants

- Alex a perdu ses parents lors du festival. Demandez aux enfants si cela leur est déjà arrivé. Ont-ils eu peur? Qu'ont-ils fait?

- Alex est allé voir un policier quand il était perdu. Que lui a demandé ce dernier? Que doit-on faire quand on se perd?

- Les deux policiers ont fait une ronde de surveillance. Pourquoi la police était-elle présente au festival et quelles étaient ses tâches?

- Les policiers jouent des rôles très variés. Discutez-en et demandez aux enfants pourquoi ces rôles sont importants. Imaginez ensemble ce qui arriverait si la police n'existait pas.

- Parlez des autres métiers liés aux services de police. Les enfants aimeraient-ils devenir policiers ou travailler pour la police quand ils seront grands? Quel métier préféreraient-ils exercer?

Catalogage avant publication de Bibliothèque et Archives Canada

George, Lucy M
[Police officer. Français]
Policiers / Lucy M. George ; illustrations d'AndoTwin ; texte français d'Isabelle Montagnier.

(Au travail)
Traduction de : Police officer.
ISBN 978-1-4431-5273-0 (couverture souple)

1. Police--Ouvrages pour la jeunesse. I. AndoTwin, illustrateur
II. Titre. III. Titre: Police officer. Français

HV7922.G4614 2017   j363.2   C2016-903467-4

Conception graphique du livre : Victoria Kimonidou

Édition publiée par les Éditions Scholastic, 604, rue King Ouest, Toronto (Ontario) M5V 1E1, avec la permission de QED Publishing.

5 4 3 2 1   Imprimé en Chine CP141   17 18 19 20 21

À mamie Wilson
- AndoTwin

À Mitchell et Rhys
- Lucy M. George